가난한 마음의 기도

강대실 시집

시와
사람

가난한 마음의 기도

2025년 9월 25일 인쇄
2025년 9월 30일 발행

지은이 강대실

펴낸이 강경호 편집장 강나루 디자인 정찬애
펴낸곳 도서출판 시와사람
등록 1994년 6월 10일 제 05-01-0155호
주소 광주시 동구 양림로119번길 21-1(학동)
전화 (062)224-5319   E-mail jcapoet@hanmail.net

ISBN 978-89-5665-788-2 03810

값 12,000원

＊잘못된 책은 구입하신 서점에서 바꾸어 드립니다.
＊지은이와의 협의로 인지를 붙이지 않습니다.
＊이 책은 전라남도, (재)전라남도문화재단의 후원을 받아 발간되었습니다.

이 도서의 국립중앙도서관 출판예정도서목록(CIP)은
서지정보유통지원시스템 홈페이지(http://seoji.nl.go.kr)와
국가자료종합목록 구축시스템(http://kolis-net.nl.go.kr)에서
이용하실 수 있습니다.

가난한 마음의 기도

ⓒ 강대실, 2025

이 책의 저작권은 저자에게 있습니다.
저작권에 의해 보호를 받는 저작물이므로
저자와 출판사의 허락 없이 무단 전재와 복제를 금합니다.

■ 시인의 변

앞개울 허리 조아린 풀섶 아래
굽이굽이 흐르는 물굽이
날 보란 듯 세상 가장 낮은 곳을 찾아
재잘재잘 잘도나 흘러간다

그러나, 詩와 그 변방을
서성인지 꽤나 오래된 나는
한 발짝도 내 마음을 내려놓지 못한 채
내 만족이나 위안, 혹은 구원의 도구로
詩를 만나고 있지는 않은지

부여안고 끼적끼적
앞서기커녕 뒤따라가기도 버겁지만
그냥, 팔자소관이려니 하고 오늘도
詩를 쓸 수밖에…

생애 한두 권으로 족한 줄 알았던 시집, 또 낸다
말 같지 않은 할 말이 어찌 이리 많은지
낯부끄럽기도 하지만
몇 굽이 안 남은 생의 강,
다섯 번째 디딤돌 놓고 건너간다.

2025년 초가을 태왕골 우거에서 월정 강대실

가난한 마음의 기도 / 차례

시인의 변 · 7

제1부 숲속에 들어

16　숲속에 들어
17　잡풀을 뽑으며 2
18　노점상
19　가난한 마음의 기도
20　못
21　하심下心
22　십팔공十八公
23　오십보백보다
24　귀동 어르신
25　흙
26　다시 길을 찾다
27　낮달
28　설산雪山
30　저물녘의 비애
32　풀 뽑는 노인장
33　연동사 백구
34　진언

공空은 생生이다 2   35
감사한 도선생께   36
들꽃   37
최고의 선물   38

제2부 봄의 길처에서

봄의 길처에서   40
탐매   41
꽃불   42
해토비解土雨   43
꽃과 이별   44
하늘 맑은 봄날   45
진대나무 붓다   46
경삿날   48
겨울바람   49
꽃잎   50
나목裸木   51
알밤   52

53 덤불 속 호박덩이
54 이웃사촌
56 새봄을 위하여
57 자작골의 새날
58 민들레꽃 4
60 계절 속 독백
61 가을을 두고 간 여자
62 꿈결의 시詩

제3부 꽃애기에게

64 꽃애기에게
65 머리통 그림자
66 고향의 가을
67 그림자
68 아내에게
69 동네 경사가 났다!
70 고향에 띄운 편지
72 큰애에게 보내는 메일

아픈 그 겨울날　74
흰죽　77
상골 당산할아범　78
내림　80
어머니 산　82
물통골 약수터　84
부춘정에서　85
한봉 명가 名家　86
용면골 노래　88
그리움 3　90
참꽃 피었어요!　91
땀의 여백　92

제4부　방황의 호사

방황의 호사　94
태왕봉 일기 1　95
태왕봉 일기 2　96
태왕봉 일기 3　97

98　태왕봉 일기 8
100　추억의 도양읍 정리
102　그림자 찾는 노인장
103　고묘
104　나눔의 행복
106　비방祕方
107　산사山寺에서
108　산촌의 여름밤
109　겨울 편지
110　그날 밤의 총성
112　감언이설甘言利說
113　시인과 시
114　짝사랑
116　한 우물을 파다
118　째마리
119　망각

작품론
121　삶의 방식 모색과 생명성, 그리고 가족애
　　　/ 강경호

가난한 마음의 기도

제1부

숲속에 들어

숲속에 들어

괜스레 내가 밉고 울화가 치밀어
마음을 어르며 비비한 세우 길 나선다
삼나무 편백나무 화엄을 이룬 극락
그 향기 자욱한 한재골 트레킹 코스 초입에다
무거운 발길 벗어놓고
나무랑 산이랑 꼼지락꼼지락 걷는다
이러히 내 길이 울퉁불퉁한 것은
나조차 보듬기에도 부족한 가슴에
꿀 발린 말을 경멸한 탓이리
하나 둘 주위와 격을 두고 먼전으로 돌다
어느덧 무인도 첩첩한 가시울타리 속에
꼼짝 못 하게 갇혀 버린 나
시 한 수를 긷기 위한 이 끈질긴 두레박질
채 끝나지 않은 형벌처럼 무겁기만 하다
울울창창한 숲속의 일행이 된다
스스로 만든 그늘을 깨친 갈맷빛 욕망
야금야금 하늘길 열어가는 나무들의 나랫짓
어디 한 점 게으름도, 서두름도 없다.

잡풀을 뽑으며 2

뜨락 햇볕 이따금 들러가는 마당귀
기세 어울린 떨기나무 사이 낯선 얼굴 하나,
몸피 또렷하고 훌쩍한 줄기에
채 여물리지 못한 열매 몇 낱 여운 애틋한
대번에 쑤욱 뽑아내려 하자
지지직... 왜, 나예요!
들입다 내지르는 절규
손끝 억척에 자존의 고갱이 버리고
그만, 쏘옥 나신을 드러내는 애초
아무 눈에도 안 띄는 땅속 첫길을 내며
얼마나 많은 일월을 손발이 부르트고
온이 땀바가지 되어 가쁜 숨 몰아쉬었으면
이리도 야무지게 목줄 대고 있을까
오늘도, 간나무 밑에 두고 온 삿갓 미시리
언뜻언뜻 떠오르는 어스름 강변
어디서 돌멩이라도 하나 날아들 것 같아
얼른 그림자를 감춘다.

노점상

모처럼 만난 손님 이라
분위기 찾아 메뉴 골라 알려진 맛집에 가서
면을 다해 점심 대접하고 오는 길목

일찍이 혈육 하나에 청상이 된 할머니
오늘도 올빼미 눈 같은 감시 카메라 피해
정류소 옆 길바닥에 좌판을 펼친다

금방 기어나갈 듯한 푸성귀 몇 가지
검은 비닐봉지 채 벌려 놓고
멎는 발걸음 기다리는 눈길 짠하다

한 중년 미부 주섬주섬 챙겨 들고는
겸연스레 내미는 배춧잎 한 장
나를 쏘아보며 자존을 접고 접더니
시린 허리춤에 따스운 정으로 파고든다.

가난한 마음의 기도

오소서, 동산 위에 열려 오는 여명처럼
그윽한 향기 한입 가득 머금고
기다림의 노을 걸린 나의 남창으로

굽이쳐 흘러가는 강물 따라
바람도 돌아드는 산모롱이 지나 고개 넘어
약속의 시간 이듯 사알짜기 오소서

그대 샘물 같은 눈망울 마주하는 날이면
어디선가 나도 몰래 숨어든 허욕도
긴긴 일월 못 버려 뿌리 깊은 미움도 그만

꽃밭을 가꾸리다, 어머니 사랑의 가슴으로
전리향보다 방향 은은한 검양의 꽃
하루하루를 마지막 받은 선물같이 살며

끝내는, 달뜬 마음 내 나이 겨울을 향해
개어귀 바위틈에 꽁꽁 매인 내 배를 풀어
유유히 꽃노을 강 노 저어 가리.

못

탕! 탕! 못을 박았다
버럭 불뚝대고 말을 무지르고, 안하무인으로
어지간히 믿었던 많은 가슴에다

깨소금처럼 고소했다
마음의 탕개 풀려 눈에 뵈는 게 없고
하늘 무서운 줄도 몰랐다

어쩌다 역지사지해 보면
박힌 못에 붙박여 곁이 허허로웠으나
세상 막사는 개망나니,
질매를 당해도 버릇을 개 주지 못했다

어느새 망치도 못도 녹슬고, 못 쓴 지 오래
조용히 뒷방에 들앉아 면벽하고
파란 많았던 生 돌아본다

꺼들대며 무수히 때려 박은 못들,
이제 대침 되어 야윈 가슴골 찔러대고
찬웃음, 매서운 눈빛 한없이 뒤통수에 꽂힌다.

하심 下心

방울땀 까맣게 익어 가는 복분자 밭머리
느티나무 푸르른 그늘 멍석에 누워
바람도 흰 구름도 유정하자 손짓 보낸다
무심히 스쳐 지나가다, 불쑥
길 가다 마음에 밟힐 성싶은 것 보면
먼눈에라도 띌까 무섭게 얼른 들쳐 메라
곗술에 낯내는 비열을 나무라며
칠갑의 강에 下心을 던지는 바람 한 줄기
사돈의 팔촌 보듯 했던 생 더듬는다
달아오르는 낯, 뒷등 바위 바라기하다
이름 없는 골짜기 절로 피고 지는
그늘골무꽃 그리움이나 부른다
어느덧 낯익은 이름과 얼굴 하얗게 지워지면
달 넘어오는 노루목 등 굽은 노송 아래
얼룩노루 사랑놀이 훔쳐보이는
나직한 흙집 지어 무심히 살리라.

십팔공十八公

다붓한 언덕길 동자승같이 깜찍했던 너
바람에 옷고름 너푼대던 몇 해 전 늦가을 해거름
넌지시 맞아들였지 스산한 마음 뜨락에

멈출 줄 모르는 시간 열차에 올라타서는
눈길 닿을 때마다 면모 몰라보게 수려해지고
불길 같은 열정 하늘 높은 줄도 몰랐다

세인들 깨문 입술 사이 새어 나오는 탄식까지도
모래 속 찾은 금싸라기로 알고
온전히 마음공부에만 정신을 쏟더군

오늘은 고통 삼키며 허욕의 긴 팔 잘라 내고
더벅머리며 겉치레 정갈히 다듬은 너
십팔공十八公 별호를 준다

먼 하늘 우렛소리에도 올곧게 뼈를 못 세우는
비루한 이내 도반 되어 되알지게 두 손 맞잡고
길 중의 길 좇아 해맑은 거울로 서자꾸나.

*십팔공十八公 : 소나무를 달리 이르는 말. '松'자의 파자 풀이임.

오십보백보다

틈이 보인다 싶으면
물 본 기러기처럼 네 활개 치는 몰골
눈에 든 가시 같고 껄끄럽지만
마음 다잡으며 재갈 물고 견디다

마침내는 마구 뚫린 창구멍 되어
끝도 갓도 없이 띄워 보낸 오만 소리에
쇳물같이 끓어오르는 뺄 삭히지 못해
맞대고 사자후 토하고 나면

묵은 체증이 뚫린 듯 후련하다가도
하염없이 낯간지러워
온종일 고개를 제대로 못 들고
회한의 속앓이를 하는 나에게

'에-끼 이 …, 오십보백보다!'
천궁에서 아버지 귀를 찢는 날벼락 소리.

귀동 어르신

후유, 후유! 한 마름 고개티 헐떡이며 넘어서더니
가끔씩 이는 훈풍에 꼬순내 배어오는데
처마 끝 시무룩한 낮달 따라 훌쩍 떠나신

시래기죽도 못 먹어 하늘 누우런 보릿고개
사립 앞 고샅에 잇따른, 앞도랑에서 벌컥벌컥
맹물 바가지로 허기를 달랜 발길들이며

뒷들 동구 밖 천둥지기 자갈밭 갈다 새우등 된
북실이 엄씨 지실 댁 종수 어멈…
발걸음 쫓는 개 짖는 소리 맨발로 따라 나가

고래고래 불러 세워 부뚜막 앞 들앉혀 놓고
후딱 먹어, 바쁜게 후딱 먹고 가서 일해!
된장국에 밥덩이 꾹꾹 만 양푼 디밀고는
속살 드러낸 남루, 입던 옷 찾아 입히시던

보내고는 쩟! 혀를 차며 한동안 말을 잃은 어르신
주머니 없는 삼베옷에 빈손으로 떠났으니
못 나누어 얼마나 애가 타는지 몰라, 지금은.

흙

살포시 열린 가슴
따스하게 감싸 안은 생명

쓰다듬고 어루만져
한사코 쏟아붓는 어머니 마음

계절 따라 연신
향기로 번져 오는 소망들

쏟은 정성보다 더 깊은 사랑
가슴에 안고 새봄을 꿈꾼다.

다시 길을 찾다

어느덧 기우는 해 서창 너머 설핏이 스미는데
여기저기 눈맛 귀맛만 골라 기웃대다
아까운 계절도 곁도 몽땅 놓쳐 버리고
주저하다 딱지 동무 찾은 친구여

뒷산 솔폭 밑에 숨어 내뺀 세월 뒤쫓다
목을 놓아 울며 돌에 발등 찧어 봤는가!
불고추 씹어 삼키는 얼얼한 고통 맛보았다면
밤을 새워서라도 무릎을 맞대자꾸나

세상사 모두 다 마음먹기 달렸다고
맞잡은 다짐 마음의 돌판에 아로새겨
네발로 기고, 물소의 뿔처럼 산과 바다를 넘어
다시금 뿌리 깊은 사과나무 심자

안락의 유혹에 눈과 귀를 막고
숨이 턱에 차올라 쓰러지면 오뚝이 되어
굽이치는 강물 제아무리 시려도
끝은 노을빛보다 더 따스운 마음일지니.

낮달

하늘 맡에 밀쳐놓은
그리움의 씨알 하나

일락서산日落西山 어슬녘
애처로이 피어나더니

장강長江 넘고 건너다
타다 남은 애간장이더냐

어둑새벽 서산마루에
손톱만치 걸렸다.

설산雪山

세밑가지 설한을 뚫고 산문 연다
키 큰 나무들 옷 벗어 어린나무 덮어 주고는
눈 짐을 지고 동안거하는 중이다

네발로 기어가다 유목 내민 손 잡다
산정은 아득한데 숨이 앞장서 턱에 차올라
노송과 등을 맞대고 앉아 숨 고른다

선뜻, 한 번쯤 누군가 흘린 눈물 강에
덤벙 뛰어들어 보듬고 허덕여 본 적 있느냐
선문답이라도 하듯이 던진다

내달아 팔소매를 걷어붙이기보다는
먼눈으로 바라보다 야기죽거리기도 했던
내 반생 스스럼없이 털어놓자

바윗등에서 고개를 빼쭉 내밀고 엿듣다
같이 갔으면 더 쉽고 멀리 갈 수도 있었다며
귓전에 슬쩍 흘리고 줄행랑친 바람 한 점

후끈 달아오른 낯짝, 입술 감쳐 물고
바람 발자국 엉금엉금 쫓으며
내 속 깊이 다짐한다, 나를 죽이라.

저물녘의 비애

신역 광장에는 두 길이 있지요
역사로 들어가 새물을 먹는 길과
궁벽한 전라도全羅道 구석에 틀어박히는 길
문 밀치고 대합실로 들어서면
꿈속 같은 두 도회로 가는 지름길 있어요,
소도 개도 다 오가는 길

하나, 간신히 뜬 반눈으로 발버둥치다
이도 저도 못한 썩배기가 되었지요
바늘 가는 데 실로 따르는 두 아들,
사람은 나면 서울로 보내랐는데도 못했지요

땀으로 얼기설기 마련한 토끼집 팔고
어찌저찌해서 봇짐을 쌀 맘이었지요
복부인들 슬쩍 둘러보고는, 거저먹자 하고
달리, 솟대처럼 아득한 거처 마련의 길
하늘 보며 주먹질하는 일이었지요

말 꼬리에 붙은 파리의 꿈도 품어 보았으나
기적도 요행도 아무나 찾질 않았어요

다행히, 품안에서 간신히 책가방 들리고
무릎 밑에서 앞 길 열라 다그쳤어도
재량껏 식솔이랑 나가 밥숟갈 뜨고 있지요

덧없이 흘러간 일월을 반추하면
큰길 못 열어 주고 밑바닥만 허우적이게 해
속에 이 아비 원망의 씨앗 품진 않는지
저물녘, 비애로 밀려듭니다.

풀 뽑는 노인장

병원 앞 쌈지공원 가로수 성근 그늘 아래
수많은 질시와 발길질 아랑곳없이
계절을 딛고 무심히 짓어 오르는 잡풀

풀 뽑는다, 환자복 입은 칠십객 노인장
지나는 누군가는 해까닥 했다고
흘깃대는 눈총쯤은 아예 눈귀에 닿지 않고

한 번 마음에 걸린다 싶으면
사돈네 쉰 떡 보듯 그냥 못 두는 성미인가!
한 손에 링거대 움켜쥔 채 맨손으로 뽑는다

포장마차 호떡 굽는 너부죽한 아낙네
파리 날리는 얼굴빛 뽀르르 쫓아가서는
풀은 뽑아 뭐할라요!, 내뱉고 휙 돌아선 뒤꼍

마음밭 날로 돋는 노욕을 뽑았다는 듯
한참을 숨 돌리며 먼 하늘 바라보는 노인장
솔선이 햇살처럼 번져 세상을 밝힌다.

연동사 백구

금성산성 오름길에서 탁발하다
산객들 길라잡이 맡아 앞장서서 내려오는
연동사 독경 소리에 귀 씻은 백구

먼빛에 간만에 찾는 나를 알아보고는
단걸음에 달려들어, 합장에 머리를 주억주억
오늘은 사시불공 마침맞으니 길 열잔다

앞서거니 뒤서거니 갈림길에 닿자
불공 배우는 길은 이쪽, 좀 멀고 험한
발길 돌리자며 달려들어
아직 마음 갈피 못 잡은 기색을 하자

온광 일렁이는 눈빛 길체로 비껴시시
종심 깊은 마음속에 절간 하나 못 모시고
언제까지 시루봉 올라 우화만 꿈꿀 테냐며
연신 '나무 관세음보살' 왼다.

진언

빈손으로 갔다
빈손으로 와
흩널고 있어, 구천에 이렇게
백골 이백 여섯 조각

부귀영화니
이름 석 자도
아무짝에도 쓸모가 없어

마음에 둘 건
얼마를 남겨 놓느냐가 아니여
어떻게 사느냐지

꽃 마음으로
함께 산을 넘어 주고
물이라도 건너 꼭, 맞손 잡고.

공空은 생生이다 2

벗님네 물어오면 있었노라 말하리라

사랑이 찾아오면 오래 전이라 보내리라

옹알이 앓던 제비꽃 빙긋빙긋 길섶에 웃고

공허한 산자락에 백설 난분분 들어도

호수 쓰다듬는 실바람으로 산다 하리라

산봉우리 넘어가는
흰 구름 되어 간다 하리라.

감사한 도선생께

유년의 기억 속 아버지 흉내 내
감 깎아 꿰어 즐빛이 매달아 놓고 보니
그 연출 하도 순수하여, 예술품인 듯
이리저리 사진 찍어 자랑 쳤지요

볕 좋고 바람 일고 중천에 달이 휘영청해
검붉고 달보드레하니 익어 가는데
춘향이 한양 도령 기다리듯
완숙만 손꼽아 기다리지요

가을 나들이길 도선생, 뜬금없는 풍경에
솔깃한 곶감 서리의 추억 농막의 길손 되어
이마 앞 두고 보자니 마음이 혼미했겠지요

얼마나 점잖으시면, 더도 덜도 아닌
꼭 두 꿰미만 왼손에 쥐셨나요
두고 가신 건 몽땅 내 차지지만
선생의 하사품 인지라 두루두루 나누리다

혹여, 내년 그 후년에도 풍광 따라가시다
눈에 띄면 꼭 챙기셔요,
맛있게 드시고 내내 만안하소서.

들꽃

낯익지 않아도
선걸음에 다가가
눈 맞추고 싶은 꽃

화려하지 않아도
햇살 한입 머금고
단아하게 웃는 꽃

담박한 얼굴에
바라보면 볼수록
그리움 사무치는 꽃

어머니 무덤가에
애가 타게 기다리는
새하얀 꽃 같습니다.

최고의 선물

내 마음속
하나뿐인 당신께
모두 다 드리고 싶은

당신 마음속
둘도 없는 내가
온전히 차지하고 싶은

우리는 서로에게
세상에 다시없는
최고의 선물이 되어야 합니다.

해와 달이 다 하도록,
서로의 길을 은은히 밝혀 주며.

제2부

봄의 길처에서

봄의 길처에서

꽃샘바람 불어친다 탓을 말아요
몇 날이고 불어대게
꽃이 울며 손짓해도 그냥 두세요
시샘만은 아네요, 헤살질일 뿐

꺾이어 밟히는 삶,
하르르 지는 꽃잎 한 장에도
하냥 가슴 저미는 봄의 여신이여

칼날 같은 당신 생각하다
북받치는 서러움 주체할 길 없어
하얀 낮달은 봄의 길처를 서성이는데

일다가 어느새 스러지겠지요
흔들리며 찬란히 예쁜 꽃물 들지요
긴긴 기다림 다하기 전에.

탐매
-화엄매

산동골 산수유꽃 샛노란 소식 주면
꽃마음 내 님이랑 꽃구경 가려하니
들리네, 구례 화엄사 화엄매 꽃향기

각황전 삼동설한 염불로 지새우며
길상암* 들매화 사무치게 그리웠던가
장하다, 천연기념물* 입적했네 홍매도

서둘러 버얼거니 아리따운 꽃단장에
그윽한 향 백매랑 화엄을 이루니
사바의 구름 중생들 경탄 소리 더 높네.

*길상암: 화엄사 대웅전 뒷길 구층암을 지나 있음. 수령 450년의 화엄매 (들매화. 백매. 천연기념물 485호)가 있음.
*천연기념물: 들매에 이어 홍매가 2024년 천연기념물 화엄매로 추가 지정 됨.

꽃불

열네 살 봄 가시나
봄꿈에 잔뜩 부푼 가슴
꽃불 질러댄다

매화, 산수유, 개나리,
벚꽃, 진달래, 목련…

꽃바람 날개 타고
착한 사람들 사는 동네로
들불처럼 번져 나간다.

해토비 解土雨

웬 녀석들이냐!
삼동이 꽁꽁 더께 진 마당에
소곤대는 놈들이

어른이
시문을 짓는 중인데!
감히, 어디라고 여기가 한밤중에

立春大吉 조바심치더냐!
板牆門에 새로 붙은

한창 춘몽이 달금한데,
가히 맹랑한 것들이느니!

꽃과 이별

소리 없이 이울어, 아름답지요
나뒹구는 몸짓, 참 애절하지요

멀어진 뒤라야 속뜻을 알지요
끝내 갈라서면 더욱 서글프지요

정말, 못 할 짓이에요
가슴에 대못 박는 아픔이지요.

하늘 맑은 봄날

눈보라 속 가슴 열더니
마디마디 주렁주렁 청매실 매단
매화나무 옆에 가기
낯 부끄러워라

풀숲에서 새순 돋더니
가지가지 다닥다닥 감꽃 피운
감나무 그늘 밑 들기
낯 뜨거워라

우리 님
서둘러 가시고는 소식 없는데
올해도 한가득 차리는 맞이 상
이내 가슴 아려라.

진대나무* 붓다

지리산 화엄사 등반길,
긴 허리 꼿꼿이 못 펴고 살아
대웅전 대들보로 쓰임 받지 못한

해와 달이 먼 일가같이 대해도
그윽한 꽃향내 크고 작은 날벌레 분분히 찾고
나무갓 큰 품 놀란 산짐승 걷어안았을

독야청청 허연 알몸이 절개 지켜 가다
골바람에 그만 힘없이 쓰러져
청설모 산지니 쉴 등 대주고
산객들 땀 밴 옷 받아 뽀송뽀송히 말리는 일
자신이 감당해야 할 일 있다는

바람의 발톱에 긁힌 흐물흐물한 살은
배고픈 흰개미 땅강아지 지네
옆구리 곪아 터진 음부는 진물 빠는 버섯들
공양할 제물이다는

궁극에 남은 지스러기는 기꺼이

흙으로 썩고 섞이어, 목숨 탄 것들 보금자리로
보시의 공덕 닦아야 한다는

우연히 연이 닿아 상면했지만
아직껏 어디서도 한 번을 뵌 적이 없는
사람이 못할 일을 다 하는 진대나무 붓다.

＊진대나무: 산 속에 죽어서 넘어지거나 쓰러져 있는 나무.

경삿날

눈부신 햇살
활짝 열리는 동문
새뜻한 앞산 얼굴.

산새 낭랑한 노래
산들산들 춤추는 바람
그윽이 스미는 솔향기.

지구행성 어드메서
숨 받은 것 하나
막 첫 발 내딛는다.

겨울바람

일손 거둔 허수아비 움츠려 선
빈 논배미 진구렁을 싸다니다

언덕배기 미루나무 우듬지
덜덜 떨어대는 까치집 흔들다

산코숭이 덤불 속 웅크려 앉아
할딱할딱 가쁜 숨 몰아쉬다

구동을 건널 데는 어디냐고
샛강, 얼음장처럼 울부짖다

얼어붙은 오금 절름절름 끌고
솔폭 밑으로 잽싸게 꽁지 감춘다.

꽃잎

돌아서자,
미련도 새기지 말고
아득히 잊자

내 가슴속 너의 꽃빛,
너의 마음속 나의 향기
고이 살라 버리자

하늘에 낸 길 지우고 가는 바람처럼,
품안의 냇돌 두고 흐르는 벽계수처럼,

눈물 한 방울 없이
분분히 흩어져 흐르는
저 꽃여울 꽃잎들.

나목 裸木

낮짝 두껍게, 울 너머로
힐끗힐끗 훔쳐보더니
실은 흑심을 품었던 거지, 내게!

한 겹 한 겹 옷 벗어 내치더니
미끈한 알몸뚱이 뽐내며
팔풍받이에 서서 기다리는 바람둥이

언제까지 그리 요염한 자태로
애틋한 눈길 보낼 셈이냐
휙휙 휘파람 불어대면서.

알밤

과년이 찬 유월 큰애기

도랑가에 나와 놀더니

밤꽃 내음에 잉태하였다.

가시 울타리 속 궁실에다

알토란같이 키운 세 쌍둥이

추석달 애받이에 순산하였다.

덤불 속 호박덩이

춘삼월,
묵은 쩍밭 한쪽 귀퉁이 옛 두엄자리에
신접살이 차린 호박아씨

우거진 찔레나무 환삼덩굴 위를
여름 내내 활개춤에 말타기 즐기다
번지레한 옥동자 하나를 안 보여 주더니

된서리 맞고 그만 진이 빠지자 까발린
어느 겨를에 퍼질러 낳았는지
여기저기 덤불 속에 숨겨 온
용알 같은 누우런 호박덩이,

일찍이 청상 되어 열녀로 산다더니
어찌 부음 들었는지 한달음에 달려와
영정 앞 꿇어앉은 열 자식 감쪽같이 숨겨 온
숲정이 소갈머리 없는 당골네같이.

이웃사촌

옷깃만 스쳐도 인연이라는데
먼빛에 누가 그림자만 얼씬해도
사나운 개 본 듯 힐긋힐긋하는 눈총 따가워
뒷산 태왕봉 찾는 일이 다반사가 되었다

오늘도, 얼굴도 몸매도 제각각인 나무들
손잡고 기도로 사는 산마을에 든다

내 또래, 머리가 성근 갈참나무 하나
간밤 뜬눈으로 외풍 막아서다
힘 부치고 어질해 깜빡 발을 뻬었단다

한 땅에 발붙이고 사는 이웃들 식겁해
아니라고, 한 번 몸 누이면 기신 힘들다고
머리 고이고 어깨 붙들고 등을 내주고...
친살붙이같이 지극정성 일상을 걸었다

산마을에서나 사람 사는 동네나
선뜻 내 낮은 손 내밀어 손 맞잡으면
세상은 모두 다 어깨 겯는 이웃사촌

말없는 나무마을, 절로 머리가 수그러진다.

새봄을 위하여

긴긴 일월의 시간, 막다른 골목에 붙박여
선뜻 내치고 일어서지 못합니다
얼부푼 가슴, 컥컥 숨이 막혀도
마음껏 장탄식 내뱉을 수 없습니다

회한은 켜켜이 아픔으로 쌓이고
기다림은 어느새 일상이 되어
갈급한 바람 서러운 길목에서
붉게 타는 서녘 하늘만 바라봅니다

밤을 새워 손가락 걸진 않았어도
이 봄에는 꼭 좋은 일 하나,
선물처럼 고이 안겨 주시어
날마다 감사의 마음으로 살아가게 하소서

마음을 여미어 청심촉靑心燭 밝히고
끝내 애잔한 기도라도 바치렵니다
그늘받이 무욕의 풀잎 하나하나,
환희에 찬 얼굴 벙긋이 내미는 모습을 그리며.

자작골의 새날

자글자글 끓는 골방,
지새워 피어난 이야기꽃

여명 부르는 다섯 점 소리,
산새들 동문東門 여는 노래

산자락 파도로 일렁이면
허공에 흩날리는 산벚꽃잎

앞산 머리, 찬란히 빛나는 날빛
산읍 가는 빤한 신작로
햇살과 바람 흥에 겨운 걸음.

민들레꽃 4

제 발 스스로 묶고
갖은 고난과 역경 일상으로 품고 사는
땅에 붙어 선 작은 꽃

새해 꽃샘바람 고집스레 불어쳐도
천지 만물의 넘치는 소망 발원하며
봄의 길목에 샛노란 꽃등 밝혀 보시한다

남의 꽃자리 넘보지 않고
날개 접어 땅바닥에 납작 몸 낮추며
깊은 흙 속에 생명줄 단단히 다져 사는 민초

공덕의 땅기운 받아 연신 피워낸 별꽃
꽃대 높이 받쳐 올려 기도하다
이유 없는 밟힘조차 업으로 믿고 합장한다

어느새 여문 호호백발 두상 위 씨알
바람의 날개 기다려 홀홀 흩날려 보내며
일체 만물이 모두 공덕임을 실천한다

한 생의 깨달음, 향기 농농한 법문
보면 볼수록 영락없는 보살
올봄도 광명을 바라 묵언 수행 중이다.

계절 속 독백

한 줄기 햇살도
감격으로 맞아들이니
파릇파릇 새싹 돋아나더이다

아름다운 꽃으로 피어나
향기 남기고 간 자리,
그 흔적으로 열매 맺히더이다

다 가고 기다림만 가득한
을씨년스런 들판 위
짝 잃은 고라니는 허허롭지만

보람으로 남은 씨알은
또 다른 새봄을 꿈꾸기에
하늘은 뉘엿뉘엿 넘어가더이다.

가을을 두고 간 여자

얼마나 많은 밤을 뒤척였을까
먼 하늘, 나의 별 가슴에 얼굴을 묻고
지새워 목쉰 독백 나누었을까

팔려가는 송아지 같은 속울음 소리
차창 밖 가을 산은 알아챘을까
바람은 새살새살 달래 주었을까

하마, 망각의 강 질러 멀리멀리 갔을까
산책길 붉나무, 연신 떨구는 잎새 헤며
추억의 향기 헤적이고 있을까

계절이 오고 갈 때면 아리게 떠오르는
가을을 두고 낙엽 따라 간 그 여자
앙가슴에 꺼멓게 멍울지는 그리움.

꿈결의 시詩

끓는 용광로 속 쇳물 같은 욕망
오감을 끌어안고 끙끙대지만
도대체 아무 기미 보이지 않는다

바람 날개 타고 솟대 끝 오르고
천지 사방 들개처럼 이슬 쓸고 다녀도
잠자리 눈꼽만치도 낌새 없다

첩첩산중 굶주린 짐승같이 싸대다
파도가 물기둥 치는 벼랑에 서서
공룡처럼 으르릉으르릉 울부짖는다

이내, 창포물에 쫙쫙 감아 땋은 머리
항라 치마저고리에 외씨버선 신은
새악시같이 아리따운 詩 한 편

붉은 뺨에 살포시 외짝 보조개 지으며
꿈속 오솔길 은빛 바람결 따라
하느작하느작 내 품에 안겨 온다.

제3부

꽃애기에게

꽃애기에게

별처럼 총총한 까까머리 시절의 추억
바람 따라 산고개 넘어 진외가 찾아 나섰다
고샅고샅 이 집 저 집 기웃거리다
마침 감나무 그늘 아래서 한더위 식히던
너와 깜짝 눈이 마주쳤다

첫눈에 어찌나 참하고 어여쁜지
그만 서녘으로 기우는 해를 잃었다
삼촌댁 굽이돌아갈 갈재가 걱정이 되었는지
꼭꼭 다독여서 품에 안겨 주었다

꽃애기야, 네가 씹어 넘긴 설움 이었더냐!
녹두장군 호령에 영마루 후유 올라서자
어스름 하늘 뚝뚝 흘리던 눈물
오늘은 복에 겨워 방실대는 널 보며
연연한 거리낌 말끔히 가셔 낸다

우리 내외 지극한 호강 속에
화원 가득히 꽃피워 길이길이 대를 잇고
서로 눈맞추며 살자.

머리통 그림자

우리글 알아야 학교 간다!
아버지 저녁상 물리면 아랫방에 불러들였다
누런 비료포대 종이에 두부 칸 그려서 쓴
가 갸 거 겨... 후 휴 흐 히 본문을
읽고 쓰고 외워 바치게 하셨다

하루는 뒤를 힐긋하다 깜짝 알아챘다
등잔불 밑 내 머리통 그림자가
아랫목 아버지보다 훨씬 큰,
지붕 위 커다란 호박만 하다고

끔찍했다
그리고 와락 남세스러웠다

학교에 가면 말려 줄 뒷배가 없고
동무들 알라리깔라리 놀려댈 게 뻔했다
생각을 안 하려 해도 자꾸만 도지는 걱정
공부는 먼산 보듯 건성건성

묵묵히 지켜만 보고 있던 회초리,
끝내 발끈하여 종아리가 띠앗띠앗했다.

고향의 가을

해 떨어지자 땅거미 내리고
매운 바람 넘나들어
계절마저 시들하다

고춧대는 선 채로 여위고
노오란 은행잎 떨어져 뒹굴자
개울물 시리게 울어 옌다

뒷산 솔낭구는 날마다 짙푸르고
조락의 고개 넘은 귀목나무
엷은 그림자 딛고 긴 꿈에 젖는다.

그림자

우리 부모님 그림자로 남겨진
외씨 같은 흔적들
어느 결에 하나둘
세월 강에 쓸려 가고
그리움 여울여울 타오른다

피붙이 하나
링거줄에 매달아 두고 돌아와
벽을 등지고 앉은 형제들
서로의 눈동자 속에 얼굴을 새기다
소주 잔 돌린다

맏형 수심에 찬 표정 속에
근엄한 아버지 계시다
누이동생 파리한 얼굴 속에
어머니 여실히 살아 계신다.

아내에게

당신이라고, 어이
바람에 날 선 세월이
비켜 가리오

허옇게 할퀴인 자국
더는 그냥 두고 볼 수 없다고
한사코 붙들고 먹칠 하더니

오늘 아침에는
왜 이리 침침하니 안 보이냐며
애먼 눈 탓만 하는

당신도 말이요
백이요, 이제 보니
뒷머리가 희끗희끗하니.

동네 경사가 났다!

넷째야, 동네 경사가 났다!
아래 고샅 상 큰댁 네 순기 형,
순하디순하고 일 잘 하는 순덕이
산고를 앞산이 다 쩌렁쩌렁 따라 울더니
순산했는갑다, 아까참에
네 배 쩬디 잠잠해졌다 인제는

야야! 낼 아침에는 식전에
갈초랑 큰 소쿠리에다 속껴 꼭꼭 눌러 담아
한행부 살쩨기 짊어다 주어라
먹고 새끼 젖 잘 물리고 얼른 힘 타,
농골 수렁배미 애갈이해야 쓴다 해토하면

그러고, 단단히 일러두어라
이참에는 송아치 암수 간에 젖 떨어지면
기스락 밑에라도 꼭 판도치 숙부네 집에
소고삐 매어 줄 생각 하라고

소 뜯기던 언덕 너머 금살 소 울음소리,
망각의 강 질러오는 아버지 말씀.

고향에 띄운 편지

울 밖 빈터에 철마다 뿌린 푸성귀
시나브로 이리 저리 퍼져나가
들과 산에 달래, 냉이, 참취… 라니!

볕받이 막에서 쑥쑥 자라던 짐승들
한 마리 한 마리 뛰쳐나가
이 산 저 골에 까투리, 토끼, 멧돼지… 라니!

친구, 참말로 재수가 불붙었네
바쁜데 가꾸고 돌보지 않아도
산열매, 칡뿌리, 산삼 녹아든 물 마시고
해와 달 별을 보고 우둥푸둥 살찐다니

여보게 친구,
올여름엔 불알친구 탁족회 날 잡히면
연락 주시게, 이제는 시간 낼 수 있네 나도

벼르던 모교에도 들르고, 어우렁더우렁
한 사나흘 죽마 타고 놀던 언덕 오르며
틈틈이 나물 캐고, 멧돼지도 한 마리 잡세

먹거리 넉넉히 해서 계곡물에 들앉아
친구네 잘 익은 가양주도 곁들이어
권커니 잣거니, 내 단단히 한턱 쏨세 이번에.

큰애에게 보내는 메일

애야, 시간 한 번 내거라!
아무리 곁눈질할 틈이 없을지라도
근일 내로 네 안이랑 민성이랑 셋이서, 꼭

거기 초입 하당에 아버지와 오랫동안
벌꿀보다 더 달고 끈끈하게
통정해 온 막역지우 한 분 계시니라

미루지 말고 전화 올려 내 말씀 드리고
한 번 찾아뵙고자 한다고
언제든 좋으니 시간 주십사 허락 받아라

지척이 천리라, 이 근년 서로 간에
염려만 쥐고 살았지 상면 없는 터에
어제는 전화가 와서 이런 저런 이야기 끝에

발 너르기가 거기 앞바다 정박선이요
노적봉보다 더 큰 덕 쌓으신 분이다 했더니
너희들이 꼭 찾아뵙고자 한다고 얘기했다

가서는 곡진히 정례에 약주 한 잔 올리고
언제고 올라오시면 꼭 한자리 하시잔다고
잊지 말고 틀림없이 말씀 올려라

시종 새겨듣고 일어설 때는
거처가 근동이니 종종 문안드리겠노라고
인사 잊지 말거라, 공손히.

아픈 그 겨울날

충사忠事!
언제나처럼 방가를 외치자
곤두선 목소리,
어-이 친구, 나 때려 치웠어! 어제 날짜로

간도 쓸개도 다 떼어놓고
조막만 한 것들 밑에서
어떻게 알랑방귀 뀌며 살겠는가

웬 날벼락이여!
이 엄동설한에 입도 달싹 않더니
꽃자리 따 놓은 당상으로 알았어, 친구는

물짠 개 아랫것들이
자리 탐에 눈알이 뒤집어져서
이빨 빠진 사냥개라나, 내가
쥐구멍도 안 보고 막무가내야

눈길도 안 주던 것들이
입맛 다실 것을 냄새 맡았는지

패거리로 못된 수작을 떨기에
훌쩍 내동댕이쳐버렸어, 나는

영에서 뺨 맞고, 저잣거리서 눈 흘긴다고
손톱만 송곳같이 갈고 있어
넉 달이 도둑처럼 가버렸네

이놈은 평생 품고 살라네
소리 안 나는 총, 어디 하나 있나 알아 봐
친구가 선배 아닌가 사회!

졸지에 백수당의 당수 됐네!
우리 청춘을 바쳐,
죽어라 일한 죄밖에 없지 않는가!
맘 추슬러 새봄엔 한마당 벌리세!

그렇지! 시궁창 같은 연놈들
천벌도 징역도, 안 가기만을 기도하겠는가
죽어서 천국이라도 가겠다고

젖은 수건처럼 척척한 가슴
칼바람 가르며 미로를 나선다
어제의 뒤안길, 희미한 기억의 꼬리 붙들고.

흰죽

앞산에 진달래 꽃망울 발롱대더니
시름시름 넘는 보릿고개, 멀기만 한데
파다하게 소문이 퍼진 뒤주골댁 가슴애피*

한 울타리 치고 사는 대롱 양반
울 너머 나직한 목소리로 보낸 손사래
영문 모르고 지게 걸머지고 달려간 아들

곧장 가서 미음 끓여 드리도록 해라며
짚어 준 바싹 마른 장작 몇 개비와
손에 꼭 들려 준 멥쌀 한 됫박

누그름히 푹 끓인 흰죽 먹고는
거뜬히 자리를 털고 일어나, 봄내 여름내
여기저기 그 많은 밭 휘젓고 다닌 뒤주골댁

흰쌀을 보면 선뜻 떠오르는 그 옛날
가슴 저며 오는 흑백의 기억 한 조각.

*가슴애피: 가슴앓이의 방언

상골 당산할아범

앞 또랑가 모처럼 뵌 당산할아범
발붙이고 정붙이고 쭈욱 눌러살았더니
얻는 것 많고, 여기가 바로 피안이라 하신다

발길이 아주 끊어졌다 했는데, 웬걸
눈앞에 초롱초롱한 눈망울이 나타났다며,
우리 아버지 자식들 거름이 되겠다고
눈물로 강보의 떡애기 안고 떠나셨단다

대대로 윗대 어르신들 유지는 물론
집안 내력까지를 환히 꿰셨다

세상은 갓 지난 어제가 벌써 옛날이 되고
바야흐로 모두 별세계의 꿈에 부풀지만
걸굳은 밭을 일군 자라야 이룬다 하신다

오래 두고 별러 온 조상님 찾아뵙고
그늘 아래서 객창에 얼룩진 마음 씻으며
고향의 좋은 기운 많이 받았다 하시며,
가서는 매사에 아퀴를 잘 지어라 응원하신다

늘 떠난 이를 위해 기도하고 있으니
자나깨나 마음을 상골에* 두라 권하신다.

*상골: 필자의 고향 마을.

내림

그놈은 안 맵고 달짝지근해,
갖다 심어!
읍내 종묘상회 주인 여자
안 매운 고추모라 권해, 곧이듣고 싶었다.

보리밥 얼음물에 꾹꾹 말아
생된장 듬뿍 찍어 게걸스레 먹었던 기억
풋고추 올찬 거로 뚝뚝 한 줌 땄다

콧속을 확 꿰뚫는 알알한 냄새
눈은 그깟 것 하고 손은 어비해
잡았다 놓았다, 씨와 씨모를 곰곰 생각한다

자고로 씨도둑은 못 한다는데
남 탓 사서는 못쓴다며
아버지, 자식들 밥상머리 교육이 유난하셨지

걸음질에서 묻어나는 냄새가 비위 상해
왼고개 젓는 사람 아직껏 못 보고
자꾸 짬을 내 같이하자는 이도 있었다

오늘도 들꽃 한 송이 눈 맞추자 해
가슴이 두근두근하고, 그저
먼 산 바위 쳐다보자니 부끄럽기만 하다

그래도 나는 이어받은 씨앗
놓지 않으리.

어머니 산

무등산은 우리 어머니입니다
둥지에 알 둔 새 마음 같아 첫새벽 일어나
부뚜막에 정화수 중발 올려놓고
자식들 잘되기만을 눈물로 비손하는.

숯등걸 된 가슴 불쑥 찾으면
행여나 하고 눈이 까매지게 내다봤다며
달려나와 두 손 덥석 잡는 어머니같이
가슴의 멍울 스러지게 합니다

죽지를 다 못 펴 안달음을 놓으면
기회는 준비한 네게 새벽처럼 찾아온다며
다가와 어깨를 토닥이는 어머니같이
마음을 차분히 먹게 합니다

갈피를 못 잡고 허둥지둥 일어서면
눈앞 샛길로 말고 큰길을 찾아 가야 한다며
가슴을 열고 꼬옥 걷어 안는 어머니같이
허욕에 들뜨지 않게 합니다

무등산은 오늘도 나처럼 안 살고, 내 자식
무등 잘 살게 돌봐 주십사 눈물로 기도하시는
우리 어머니 마음 입니다.

물통골 약수터

구전되어 온 쌀 한 홉, 졸졸 약수로 흐르는
추월산 큰 자락 물통골 중허리 약수터
고래로, 토박이들 믿음에 신령님 계셔
범접 삼가고 아스라이 바라만 본

세상 바다 헤쳐 가다 숨이 턱턱 막히면
한달음에 찾는 아늑한 부모님 품
만세에 들어서는 더없이 정이 가는 적멸궁
아내와 향기 쫓아 도란도란 찾는

우리 부모님, 연년세세 길일 택해
신령님께 부민 풍년과 무병장수 발원하고
지극 정성 마련한 재물 괴어 올려
소지를 사르며 길어 올린 정화수

귀엣말 나래가 달렸나 뜨르르 사방에 퍼져
갈봄 여름 없이 발길 끊일 날 없지만
아버지 어머니 치성 높이 기리고
길이길이 명소로 보존되길 원함이리.

부춘정에서*

입추의 창을 열고 여명 쫓아 나선 길
염천이 발목 잡네 갈 길 바쁜 나그네
찾나니 숨 돌려 갈 곳 발길 닿는 부춘정.

산발 밑에 탐진강 들 건너엔 수리봉
물에는 고기가 반 숲 속 가득 새들 노래
옳거니 여기가 바로 풍광 노닌 신선대.

용호암 올라앉아 눈길 끝 사방 보면
나는야 어느 결에 승천하는 용이니
물기둥 용솟음친다 산과 들이 일렁인다.

이제 곧 떠나시면 언제 다시 뵈오리까
둘러선 산도 강도 부춘정도 따라서니
영지의 주인 됐으니 하시라도 오마하네.

*부춘정富春亭: 전남 장흥 부산 부춘리에 있는 정자.

한봉 명가名家

 향리에 한봉 명가 귀동 양반이 계셨습니다. 열두 가족이 적지 않은 농사를 지으며 동네 사람 누구나 부러워하는 한봉을 치셨지요. 울안 곳곳에 호박돌로 초석을 놓고 토막 낸 소나무 속을 파내어 만든 벌통을 층층이 올렸습니다. 모내기 철이면 분봉이 시작되고, 대여섯 살 어린 자식들은 벌 지킴이가 되었습니다. 형은 어미 벌통에서 떼 지어 나온 벌을 따라가고, 아래 동생은 들로 달려가 아버지를 불러 왔습니다. 봉군이 집 주위 감나무에 내려앉으면 어르신은 내내 "들어, 들어"를 외며 쑥대 묶음으로 꿀 바른 멍덕에로 유도해 담았습니다. 설치한 빈 통 위에 얹고, 맨 아래에 출입구 하나만 남겨 두고 나머지는 진흙으로 봉했습니다. 앞에는 명수와 붉은 팥·좁쌀 한 접시를 차리고, 사립에는 금줄을 쳐 외인의 출입을 막으며 사흘 동안 정갈히 지냈습니다. 그 뒤로도 벌통 안팎을 청결히 돌보고 대추벌·두꺼비·개미 등 해충의 침입을 막으며 온 정성을 다하였습니다. 봉군이 늘어 비좁아지면 빈 벌통을 한 층씩 이어 연결해 주기도 했습니다. 겨울이 오고, 문고리가 손에 쩍쩍 달라붙는 추운 아침이면 식전에 꿀을 떴습니다. 안 어르신은 연초 연기를 머금어 벌통 위에서 아래로 불어 넣어 벌을 가라앉히고, 그 틈에 어르신은 큰 양푼 가득 꿀을 뜨셨습니다. 덕분에 가계에 큰 보탬이 되었고, 자식들은 어려서부터 꿀을 실컷 먹어 감기조차 걸리지 않았습니다. 품질이 뛰어나다는 소문이 퍼져 먼 곳에서도 사람들이 찾아왔습니다. 돈 구경하기 어려운 시절, 벌이 자식들을 대처로 보내 눈을 띄워 준 셈이었습니다. 그러나 어르신이 떠나신 뒤 시나브로 벌통의 기운이 약해졌습니다. 생금밭 왕대나무가 백 년 만에 흰 대꽃을 피우고 고사한 뒤로는, 벌도 끝내 자취를 감추고 말았습니다.

용면골* 노래

백두대간이 점지하여
지경으로 세운 노령의 자락에
추월 산성 오장산 영봉 더 높다

원혼도 길을 잃은 가마골에서
사시장철 솟구치는 신수
오백 리 영산강 시원 되어
담양호에 짙푸르고

청태 엉긴 전설 석간수로 흘러
뒷밭 앞들 흥건히 적시고
용천의 물길 내고 지줄대니
남도 땅 생명수로다

수려한 산수 忠孝禮로 열린 하늘
자자손손 더불어 살아
가슴속 넘실거리는 낙원은
선조님 정한과 풍류 지천이고

고운 바람 넉넉한 볕살은

철철이 화들짝 꽃 벙그러져
三白* 三紅* 토종꿀이 일품이니
어이 자랑이 아닐쏜가

보리암 목우 소리 여명을 일깨우면
글 읽는 소리 쟁기질 망치 소리
우리의 꿈 알알이 영글어 간다

참대같이 오순도순
나눔과 베풂의 깃발 높이높이 들고
앞에서 끌면 뒤에서 밀어
벼슬재 고갯길도 평지로다

추월산 늘 푸른 기상 아래
사랑과 풍요가 꿀물처럼 흐르는
복지 용면골 천만세를 누리세.

*용면골: 작자의 출생지 담양군 용면을 이름.
*三白: 마음씨 쌀 누에고치
*三紅: 감 고추 딸기

그리움 3

해가 설핏하면
서산 봉머리 위에
개밥바라기 떠올라
눈을 끔벅끔벅.

장독대 봉숭아 피면
꽃물 들일 때 온다던
큰누님 생각이 나
가슴이 도근도근.

참꽃 피었어요!

봄볕 따사로이 내리쪼이는
바람 비킨 산자락 양지 녘
어느새 반가운 참꽃, 봉싯봉싯 피었어요

등성이 너머 먼산나무하러 간 쇠죽방 박센
한 묶음 나뭇짐에 꽂고 온 꽃 위로
하늘하늘 노랑나비 달고 온

농골산 나물 캐러 간 종만이 엄니
하도 반가워 나물은 안 캐고, 온 산 쓸어서
꾹꾹 눌러 바구니 한가득 따 온

춘삼월 꽃피는 호시절은 아직 멀었는데
이마 위 앞산에 눈을 보내 망보다
두견이 노래 좇으며, 따 먹어도 따 먹어도
허기 가시지 않던 내 유년의 꽃.

땀의 여백

언제까지나 마음에 두고만 살 수 없어
작심하고, 낙목 쫓아가는 막내 동서와
땅끝 마을 달마고도 트래킹에 오른다

산문에 드니 기실 나는 땅을 기는 미물
울울한 숲길을 걸으면 구정물 들이킨 잡물
골짜기에 들어서자 있는 듯 사라지는 안개

산주 청설모 길라잡이가 오르는 바윗등
힘 풀리고 후들후들한 네 다리로 기어서
가까스로 산정에 땀범벅 되어 닿는다

무상무념 반석에 오도카니 앉아
가쁜 숨 갈앉히고 사방으로 눈길 보내자
아득히 열리는 시야, 땀이 일군 여백
장부의 호연지기가 따로 없다.

제4부

방황의 호사

방황의 호사

詩文과 가까이하기로는
사철 푸른 숨결, 댓잎 향 불어 잇는
대나무골이 제일 좋을 성 싶어
신문 귀퉁이 오려 쥐고 한달음에 찾아가
쥔 달란 대로 주고, 몸 붙일 자리 잡았지요

생에 찌든 번뇌의 때 벗고자
밭고랑에 박혀 향긋한 흙냄새에 취하고
들개처럼 앞뒤 벌 이슬을 쓸고 다니고
가끔은 감춰 둔 길을 내주는 산 찾아 오르며
누습한 생각의 부대 비워내지요

어떤 날은 하루가 물먹은 솜뭉치 같지만
머잖아 마음의 진창에 더덩실 달 떠올라
잘 익은 홍시 같이 달보드레한 詩 한 편
꼭, 빚어낼 것 같은 예감에
오늘은 방황의 호사, 누리는 거지요.

태왕봉* 일기 1
- 태왕봉으로 나서다

젊은 시절 첫 출근의 추억 소환하며
태왕봉, 새 터전으로 나선다
번질번질 다림질한 양복과 흰 와이셔츠
아침마다 갈아매던 넥타이도 버리고
겉옷처럼 자유로움 살짝 걸치고 간다
자작시 하나 옴질옴질 읊조리며
가재 뒷걸음 떠올리며 사부작사부작 걷는다
문은 사방으로 열리고 산마을 벗들 말이 없어도
초등학교 동창같이 임의롭다
한 가지 명심할 건, 놀빛보다 더 붉게
종심의 아름다운 삶 꽃피워야 한단다
산그늘 조용히 쉬어 가는 정자의 주인 되어
길 잃은 복록에 지친 가슴들 불러 시도 애음하고
은은한 솔향기 사각이는 댓잎 노래에 취하여
우화등선, 하늘에 오른 양 살라 이른다.

*태왕봉: 필자의 거처 인근의 뒷산. 둘레길 정자 등이 설치되어 있어
 많은 주민들이 찾음.

태왕봉 일기 2
- 나무 따라가다

새벽, 무탈을 기도하며 태왕봉 찾는다
다듬다듬 산문에 닿자
뒤를 따르라며 허리 꼿꼿이 세운 왕대나무
앞서거니 뒤서거니 걸음 재촉한다

두 다리 짱짱한 젊은 소나무
얼굴과 손등에 저승꽃 고운 노송 부축하며
앞뒤로 애기나무 몇몇 달고
불그레한 얼굴 산턱 함께 넘잔다

첫눈에 세수 지긋한 굴참나무
어느 결 봉마루에 나볏이 올라앉아
쓰러져 곰삭은 진대나무 망연히 바라보다
어여 오라며 슬그니 옆을 내준다

나뭇개비 같은 나를 찬찬히 뜯어보더니
여기까지 탈 없이 항해해 와 다행이라며
건너편 코숭이 노거수 가지 아래
고적한 요양원 가리킨다.

태왕봉 일기 3
- 둘레길 쓸다

첫새벽, 어느 고운님 아리따운 손길이냐!
말끔히 청소 된 둘레길
앞 강물에 세수한 듯 마음이 산뜻하다

길 닦아 놓으니 깍쟁이가 먼저 지난다고
시궁창에 빠졌던 내 발 디뎌 보려니
죄지은 사람처럼 편편찮은 마음 비질을 한다

일찍 잠 깨워 마당과 고샅 쓸게 하시고
둘러보고는 개운하다 추어주며 밥 챙기던
어머니 흐뭇해하시던 얼굴 떠올리며

길옆 나무에 기대어 꾸벅꾸벅 졸던
대 빗자루 깨워, 이마에 땀나게 비질한다
이기에 쇠가죽 같은 두꺼운 낯짝도 벗는다

마음보다 몇 발 못 쓸어 숨이 찬 미랭시
남은 구간은 내일과 그 다음 내일,
내심 또 다른 내가 이어 쓸기를 기대하며
스스로 하사한 출입증 꼭 쥐고 돌아선다.

태왕봉 일기 8
- 대 빗자루 매다

자고 나면 너저분히 널리는 나뭇잎,
밥알이 떨어지면 주워먹어도 될 만큼
오늘도 누가 꼭두새벽 정갈스레 비질했다

몽당비로 흘렸을 땀을 헤아리다
초등 시절 아버지 꾸중 속에서 배운
빗자루 숙제, 유산 같은 솜씨 곰곰이 불러낸다

시부적시부적 길가 마른 댓가지 모아
끝을 맞추어 덧대고
주워 온 플래카드 끈으로 죄어 맨다
손끝의 결, 아직도 고양이 쥐 어르듯 익숙하다

하나는 공공 근로 노인들 도우미로 보내고
길 중간중간에 서서 흘리는 분홍빛 미소
'내 손 한번 잡아 줘요,
그리고 좌우로 십 분만 흔들어 주세요'

지나가는 발길, 돌아서서 마음까지 쓴다

어느덧 환해지는 지구 한 귀퉁이
산뜻한 기분에 그지없이 흐뭇한 새날
세상은 나 한 사람으로 하여
오늘도 동산 위에 찬란히 해가 솟는다.

추억의 도양읍 정리

 언제부턴가 눈도 입도 그저 그만일 테니 한 번은 꼭 짬을 내라 했어도 황막한 벌판길 가물거리는 횃불잡이 등 뒤로 쏟아질 뭇 시선 따가워 달 걸러서 어깨를 겯던 벗들 벼르다 말고 간만에 무릎 맞댄다.

 못난 놈들은 서로 얼굴만 봐도 흥에 겹다고 물오리 둠벙을 보면 떼거리로 모여 걸쭉히 한마당 벌이듯 짐짓 상기된 표정 그럴싸한 가게 마당에 시퍼런 바닷물 들락이는 횟집 골라 펄펄하고 큼직한 생선 몇 마리 회 시킨다.

 그들먹한 회접시 교자상 한가운데 대감처럼 좌정하고 맞앉아 권커니 잣거니 오가는 잔에 천년의아침 고꾸라져 토해내니 빈병 가뜬한 마음은 벗들 감흥을 불러 들독 같은 시름 사르고 비움의 절절한 소망이 되어 만면에 발그스레 불탄다.

 멍석을 깐 벗 벌떡 일어나 짊어진 돈 전대 너무 무겁다며 냉큼 물주를 잡고는 후렴으로 근방 카페로 옮겨 앉는다 마담 빵싯빵싯하는 얼굴 곰살스런 응대에 기분 업되어 못다 한 정 마저 나누며 달라진 내일을 낳자고 마음

잡쥔다.

 보랏진 하루 항포구에 어느덧 어둑발 뉘엿뉘엿하고 흔흔한 가슴 저잣거리가 좁은데 바다를 건너오던 아기사슴 무르팍까지 빠져서 보리 피리 불다 아직도 말로써 다 못한 사연 있다며 어여 건너와 눈 좀 빌리자 손짓한다.

＊도양읍: 전라남도 고흥군 고흥반도의 남서쪽 끝에 위치해 있는 읍.

그림자 찾는 노인장

아동들 자지러지는 웃음소리
간간이 창을 넘어 퍼져오는
오후, 텅 빈 운동장 한 켠

긴긴 세월의 상흔 온전히 부둥켜안은 채
교계 지켜 서 있는 버드나무
휘늘어진 가지 아래서

불언의 위로 주고받으며
긴 벤치에 석불처럼 좌선한
소복단장, 중절모 쓴 하이얀 노인장

무슨 회상에 저리도 아득히 잠겼을까
'왜 아이들이 하나도 안 놀아!'
기다림 눈자위보다 더 깊은

아직도 잊히지 않는 초립동 시절
아련한 그림자 찾아 나온 것일까.

고묘
- 백야도 등대길에서

섬에서 나서
한생 바다를 건너지 못한 채
손에 닿을 듯한 뭍머리
눈이 닳도록 바라보다
끝내 섬에 묶였네

순애는 끝이 없어
섬 끝 파도 부서져 날리는
등대 밑, 허리 굽은 노송 옆에
나란히 자리하네

바람 소리, 파도 소리
이따금 지나는 통통배 소리
모두 기다림에 젖은 비가悲歌
긴긴 안식마저 처량하구나.

나눔의 행복

반백 년을 부초같이 흐느적거린 불초
향촌 아래뜸에 구년묵이 세간 부쳐 놓고
속죄의 삽질로 묵정밭 일으켜 심었지요
감 대추랑 배 매실 사과…… 빼곡히

몸에 익지 않아 때로는 각다분하기도 하고
여기저기에 적신호 욱신욱신해도
이슬 머금은 흙내에 불끈 힘이 솟는 오뚝이
하루가 멀다고 발자국 소리 내었지요

감나무 시득부득 노름한 꽃 진 자리마다
가지가 휘어지게 주먹감 혼전만전 매달고
찾아든 갈바람 단맛을 빨갛게 들이지요

맏물은 원매 기다린 지인들께 보내고
원근처 정 깊은 이웃들 챙기고 나면
내 차지는 이내 비뚤거나 새 쪼아 댄 거에다
더 못 나누어 섭섭한 이웃뿐이지요

하지만, 유년 적 동지죽 먹으면 신고 나갈

토방 위 나락가마니 들쳐 메 보이며
싱글벙글하던 박 씨처럼
행복은 넘실넘실 밀려오지요.

비방祕方

황우처럼 뚜벅뚜벅 걸어온 生
꽉 조여 있던 나사 풀린 걸까, 벌써
날이 궂을라치면 밤새 여기저기가 쑤셔
찾아든 터미널 앞 한의원

닫힌 창문 틈으로 새어 드는
길 건너 새로 문 연 카페 커피 냄새
삼거리 모퉁이 기름집 참기름 냄새
도갓집에서 삶아낸 죽순 냄새

스며드는 냄새들 비방 삼아 들이키고
핫팩에 침 맞고 부항 붙이고 나면
봄 언덕 곰실대는 아지랑이처럼 피어올라
들돌이라도 번쩍 들어낼 듯한 기운.

산사山寺에서

천공 아득히 작은 별 총총
자욱한 안개 속 사려 깊은 산자락

벚나무 그늘 밑 안온한 길등
돌멩이 구르는 소리 깨우는 졸음

적막에 잠긴 산사 풍경이 울고
세월 품은 석탑 밤을 지새는 묵도.

산촌의 여름밤

논배미 질러오는
회관 집 거멍이 짖는 소리

골짜기 건너오는
두견이 아련한 울음

길마당 외등은 어느새
잠에 곯아떨어지고

산방 가득 개골 소리
지새워 맓아 앓는 그리움.

겨울 편지

바람 불면 불게
그냥 두세요
며칠이고 몰아치게

눈 오면 오게
두고 보세요
몇 길이고 쌓이게

떨어져 누운 마른 솔잎
꽃잎 눈에도
하냥, 마음 젖는 사람아

그대 생각에
무단히 내가 서러워
하얗게 지새우는 밤

정녕, 불다 멈추겠지요
오다 말다 그치겠지요
기다림처럼.

그날 밤의 총성

대인동 시외 터미널, 담양행 막차
출구에서 붙들려 간신히 올라탄 퇴근길
암굴 속 붙박인 오월의 해는 길기만 하다

전화도 끊기고 교통도 다 끊긴 고립무원의 섬
방송은 폭도들 난동이라 생거짓나발 불어대고
날이 갈수록 아프게 찔리는 방관자의 양심
웃돈 얹어 대절한 택시,
교도소 앞 고개 못 넘는다

오금 저리며 뒤뚱뒤뚱 도동고개 너머
홉뜬 눈으로 꼬나본 총검
빠끔히 터 준 길 꿰어
솟구치는 분노의 걸음, 도청 앞 당도한다

인해 이루어 목 놓아 사자후 토하다
어느새, 해 떨어지고
기력은 몸을 가누기 힘든데
반 백 리 길, 교통까지 막힌 탕자의 몸
유동 소재 직장 숙직실 찾아든다

인적 없는 밤,
가끔씩 바람이 셔터 흔드는 소리
밤이 깊을수록 아늑히 차오르는 해방 기대감
그러다 난데없이 적막을 깨는 총성

타-앙! 탕! 타-앙!.

감언이설 甘言利說

귀를 뚫는 산뜻한 음절, 음절들
저잣거리 저편 수런수런하는 사람들
황새걸음 성큼성큼 좇아가
꼿발을 딛고 항아리만 한 귀를 세운다

이게 웬 떡이냐, 달콤하다!
오감 촉각 곤두세운다
간밤 꿈 떠올리다 일순 눈이 멀어
내속 고무주머니에 빵빵히 욱여넣는다

몽그작몽그작, 눈치 살피다
몰염치 앉혀 놓고 살그미 빠져나온다
욜랑욜랑 큰길로 해서 신호 기다리다
들먹들먹 들뜬 마음, 못 참고
살짝 하나 입에 넣고 곰곰이 씹는다

앗, 사탕발림이다!
입안 소태같이 쓰거워 지더니
신열이 오르고, 얼굴이 화끈거린다.

시인과 시

강산이 몇 번을 변하는 동안
시의 변방에서 먹물이 들었지만
시를 계속 지어야 진정한 시인이라고

비운 것 내려놓은 것 없는 몸에서
수없이 닦고 비비고 말려
시 한 편 뽑아내고 나면

대양을 돌아 모천으로 회귀하여
산란을 마친 연어같이
녹초를 부른다.

하지만 마루판에 박힌 옹이처럼
세월에 절수록 번질번질 윤이 나는
시 같은 시, 꼭 하나 쓰고 싶은 힘으로
벌떡 나를 일으켜 세운다.

짝사랑
- 시詩

심쿵했지요
숫되고 세상 물정 몰랐던 나는
우연히 그대의 숨결에 닿고
천진한 마음의 손목 살갑게 잡아 준 순간

갈수록 메말라가는 영혼, 만나면 또 보고 싶고
못 잊을 감미로움 솔솔 뭉클해지는 가슴
내 안 꽃밭에 짝사랑 멍울었지요

적막한 사위, 손 흔들어 준 얼굴 달 떠오르면
초병 지리한 삼년 입노래로 동행하며
입영 첫 다짐 지켜낸 의지 돋웠지요

세파 헤치고 바람 쫓던 긴 여름
산맥 같은 바윗덩이 길 막아서도
그윽한 체취, 황우 끈질긴 힘의 샘터였지요

애달픈 짝사랑의 냉가슴 아직인가요
꿈길에도 품고 살아온 나이테 몇 겹인데

향 없는 내 詩의 꽃은
벌과 나비 찾아오지 않고

속절없이, 쑥대머리 뒤뚱뒤뚱 넘는 저문 강변
동문 위 찬란한 빛살보다
더 향기 감칠맛 나는
그런 詩 하나에 생을 겁니다.

한 우물을 파다

우물을 파도, 한 우물을 파라 하지만
어디 그러기가 쉽던가
막 지난 어제조차 낯설어 아뜩한 세상
황소 뿔 세우고 한길로만 가기가

잽싸게 인해人海 바다 헤쳐 나가다
난데없이 암초 만나 죽을 영금 보기도 하고
하찮은 것에 어금니 악물더니 끝판에는
앞이 번듯한 사람 수없이 봤던지라

경주 토함산 석굴암과 불국사 찾아가고
무등산 규봉암 서석대 오르고
정도리 구계등 갯돌 새에 붙박여 다진 심지
어둠 속을 파고 또 판 우물이 아니던가

먼발치에서라도 내 피땀을 눈여겨본 이는
삼 년 가물, 석 달 열흘 장마에도
끄떡없을 명줄이라 침 흘리지만
선뜻 발 아래 염려 내려놓을 수 없고

시나브로 땅윗물 못 들게 뒷정리하며
세세히 지켜보다 점차 손 떼볼까 하다
언제 하늘이 변심해 상전벽해 되고
땅이 흔들리고 갈라질지 누가 알랴

그러고도 어디 쉬운 일이랄 수 있는가
아무리 고통이 더 큰 고통 낳더라도
모처럼 물오른 손, 칼로 무 자르듯 내려놓기가
여하간, 단물 풍풍 솟아 충분히 먹기 전에는
좀처럼 손 못 놓을 것만 같아.
시의 우물을 파는 일.

째마리*

심심풀이로 그지없는 땅콩, 동삼을
가보처럼 깊숙이 갈무리했다가
토방 봄볕과 마주앉아 실한 걸로 골랐지요

조심스레 땅의 궁실에 다져 넣고는
약속처럼 연초록 얼굴 기다렸으나
더러는 곯고, 서생원 웬 떡이냐 훔쳐갔지요

장에서 애기모 데려다 두벌 심고는
땡볕 숨 고르는 틈새에 정성으로 돌보며
알뜰히 수확의 기쁨 키웠지요

웬걸, 들짐승 다 뒤져 먹고 난 처진가리뿐
하천해도 흙의 고결한 마음 감지덕지해
샅샅이 이삭 주워 모았지요

동네 대농들 모습 떠올리며
애잔한 농심,
우선 씨오쟁이 채우고 나니

남은 건 손자들 입에 물리고 싶지 않은,
오십년 째마리 같은 생 박차고
왕대밭 밑으로 기어든 내 차지,
째마리뿐이지요.

✽째마리: 사람이나 물건 가운데서 가장 못된 찌꺼기.

망각

해와 달빛 속에는
분명 바람이 빚어낸
흰 물감이 녹아들어 있다

아니고서야 어찌
내 머리 속 곡간이
하얗게 색칠되어 가랴.

작품론

삶의 방식 모색과 생명성, 그리고 가족애

강 경 호
(시인·한국문인협회 평론분과 회장)

1.

서정시는 시인의 시에 대한 인식과 이를 대하는 태도를 드러내며, 더불어 시인의 삶과 정신성을 보여준다. 강대실 시인의 시 또한 이러한 면을 잘 반영하고 있다.

강대실 시인이 시를 어떻게 생각하고 있는지를 이번 시집에서 말해주는 시편들이 눈에 띤다. "시의 변방에서 먹물이 들었지만/시를 계속 지어야 진정한 시인"(「시인과 시」)이라고 한다. 그리고 "마루판에 박힌 옹이처럼/세월에 절수록 번질번질 윤이 나는" 시를 쓰고 싶다고 한다. "세월이 절수록 번질번질 윤이 나는" 시는 생명력이 있는 시를 말함이다. 이러한 시는 "동문 위 찬란한 빛살보다/더 향기 감칠맛 나는"(「짝사랑」) 시이다. 정서적으로 풍요로운 시를 쓰고 싶음이 "향라 치마 저고리에 외씨버선 신은/새악시 같이 아리따운 詩"(「꿈결의 시」)와 맥락을 같이 한다.

이렇듯 시에 진정성을 지니고 있는 강대실 시인은 "어

띤 날은 하루가 물먹은 솜뭉치 같지만/머잖아 마음의 진창에 더덩실 달 떠올라/잘 익은 홍시 같이 달보드레한 詩 한 편/꼭, 빚어낼 것 같은 예감에/오늘은 방황의 호사, 누리는"(「방황의 호사」) 것이라고 고백한다. 자신이 기다리는 시 한 편을 위해 '오늘의 방황'조차 '호사'로 인식하고 있으니 그것이 시 쓰는 즐거움인 것이다.

이렇듯 시에 심취해 있는 강대실 시인은 은퇴 이후 그 동안 옥죄던 삶의 형식들에서 자유로워져 마음이 가는 대로 살아가고 있다. 「태왕봉 일기」 연작은 최근 시인의 삶을 말해준다. "번질번질 걸치고 간다"(「태왕봉 일기 1」). 이때 시인은 "자작시 하나 옴질옴질 읊조리며/가재 뒷걸음 떠올리며 사부작사부작 걷는다"고 한다. 그야말로 사회적 규율에서 벗어나 자연인으로서, 시인의 길을 걷는 모습을 보여준다. 이때 시인의 내면 중심에서는 "종심의 아름다운 삶 꽃피"우는 것을 자신의 길이라는 인식이 투사되어 있다.

'태왕봉'은 강대실 시인의 거처 부근에 있는 뒷산으로 시인은 날마다 둘레길을 산책하며 사색하는 장소이며 공간이다. 이 산책길을 오르내리며 삶을 관조하는 시인은 생의 참된 가치를 시를 통해 형상화 시키므로 후반기 인생을 살아가는 그에게는 매우 소중한 길이 아닐 수 없다. 산책길에 '젊은 소나무'가 '노송'을 부축하는 모습도 살펴보고(「태왕봉 일기 2」), '둘레길'을 빗자루로 쓸기도 한다.(「태왕봉 일기 3」) 이러한 행위를 통해 "어느덧 환해지는 지구 한 귀퉁이"(「태왕봉 일기 8」)를 느끼며 보람을 찾는다.

 이처럼 은퇴 이후 자신이 원하는 삶을 통해 생의 의미를 찾아가는 것은 다분히 생활적인 측면만이 아니다. 시와 삶의 일치를 지향하는 시인은 시를 통해 삶의 의미를 탐색하여 보다 인간다운 삶을 살아가고자 하는 것이 강대실 시인의 시적 지향이며 노년의 생활이어서, "어떻게 살 것인가?"라는 질문에 대한 답을 구하는 것이어서 더욱 값지다.

 이번 강대실 시인의 시집에 나타난 가장 두드러진 시세계는 자신의 삶을 살피며 보다 나은 세계를 지향하기 위한 성찰의 태도를 보여주는 시편들이다. 산을 오르며 자신이 가는 길이 울퉁불퉁한 것은 "나조차 보듬기에도 부족한 가슴에/꿀 발린 발을 경멸한 탓이"(「숲속에 들어」)라고 한다. 그러므로 "시 한 수를 긷기 위한 이 끈질긴 두레박질/채 끝나지 않은 형벌처럼 무겁기만 하다"고 하는 것이다. 이러한 삶의 자세를 「가난한 마음의 기도」, 「못」, 「하심」, 「설산」 등 여러 작품에서 고백하고 있다.

 또한 강대실 시인은 생명성을 탐구하는 시편들에서 모든 생명의 등가의 동등함과 대지의 여신 가이아Gaea처럼 어머니 같은 존재로 흙을 인식하고, 매화꽃 핀 모습을 화엄으로 바라보는 의인화법, 봄날 땅을 적시는 봄비와 이로 인해 살아나는 생명들을 경이롭게 바라보는 시인의 마음, 그리고 죽은 나무가 생명의 터전이 되는 자연의 섭

리와 순환을 담담한 언어로 노래하고 있다.

강대실 시인의 또다른 시적 관심은 고향과 유년, 그리고 가족애를 보여주는 시편들이다. 유년의 고향 이야기를 호명하여 때묻지 않은 시간을 마주하며 인간 내면의 순수를 상기시킨다. 더불어 형제들의 얼굴에서 피붙이들임을 다시금 확인하며 가족애를 되새긴다. 그리고 아내와 자식들에게 보내는 애틋함에서 뜨거운 가족애와 결속력을 다진다.

이렇듯 강대실 시인의 시는 본질적으로 "왜 시를 쓰는가?"라는 물음에 가장 인간적이고 휴머니즘적인 대답을 구하고 서정시의 효용성을 되새기고 있어 시의 위기를 맞고 있는 시대에 마음이 든든하다.

2.
인간은 미완의 존재이다. 그러므로 결핍을 채우기 위해 성찰하며 통찰한다. 그러나 완성에 이르는 일은 너무나 요원한 일이어서 끊임없이 시행착오를 경험하며 깨달음을 향해 간다. 강대실 시인의 가장 핵심적인 시적 세계 또한 자신의 삶을 살피면서 보다 나은 인간의 길을 향해 나아가고자 하는 의지를 드러낸다. 결국 서정시의 가장 큰 효용성을 위해 삶의 실천과 시적 세계를 갱신하는데 노력을 경주해야 하는 것이 시인의 책무라는 걸 작품을 통해 보여준다.

탕! 탕! 못을 박았다
버럭 불뚝대고 말을 무지르고, 안하무인으로
어지간히 믿었던 많은 가슴에다

깨소금처럼 고소했다
마음의 탕개 풀려 눈에 뵈는 게 없고
하늘 무서운 줄도 몰랐다

어쩌다 역지사지해 보면
박힌 못에 붙박여 곁이 허허로웠으나
세상 막사는 개망나니,
질매를 당해도 버릇을 개 주지 못했다

어느새 망치도 못도 녹슬고, 못 쓴 지 오래
조용히 뒷방에 들앉아 면벽하고
파란 많았던 生 돌아본다

꺼들대며 무수히 때려 박은 못들,
이제 대침 되어 야윈 가슴골 찔러대고
찬웃음, 매서운 눈빛 한없이 뒤통수에 꽂힌다.
- 「못」 전문

 이 작품에서 '못'의 상징적 의미는 사물과 사물을 이어주는, 철물점의 물건이 아니다. 누군가의 마음을 아프게 하는 언어나 행위를 말한다.
 시적 화자는 "버럭 불뚝대고 말을 무지르고, 안하무인

으로/어지간히 믿었던 많은 가슴에다" "탕! 탕! 못을 박" 곤 했다. 이럴 때면 "깨소금처럼 고소했다"고 고백한다. "하늘 무서운 줄도 몰랐"던 것이다. 그러나 "어느새 망치도 못도 녹슬고, 못 쓴 지 오래"되어 "조용히 뒷방에 들앉아 면벽하고/파란 많았던 生 돌아본다" 그동안 "꺼들대며 무수히 때려 박은 못들"이 "이제 대침 되어 야윈 가슴골 찔러대고/찬웃음, 매서운 눈빛 한없이 뒤통수에 꽂힌다."고 한다. 젊은 시절 누군가의 가슴에 못질을 하고 고소해 하였지만, 그동안 시적 화자가 질러댄 못들이 오히려 대침이 되어 자신의 가슴에 못질하고 있다는 깨달음과 후회가 시적 화자에게 성찰의 계기가 되고 있음을 잘 묘파하고 있다.

이 작품 속의 이야기는 시적 화자만의 경험이 아닐 것이다. 인간의 보편적인 삶에서 만나는 일상으로 시인은 자신의 체험을 통해 우리 모두의 이야기로 승화하고 있다.

앞의 작품처럼 시인의 구체적 삶의 경험을 통해 자신의 삶을 바라보며 성찰의 태도를 잘 보여준 작품이 「숲속에 들어」이다.

괜스레 내가 밉고 울화가 치밀어
마음을 어르며 비비한 세우 길 나선다
삼나무 편백나무 화엄을 이룬 극락
그 향기 자욱한 한재골 트레킹 코스 초입에다
무거운 발길 벗어놓고

나무랑 산이랑 꼼지락꼼지락 걷는다
이러히 내 길이 울퉁불퉁한 것은
나조차 보듬기에도 부족한 가슴에
꿀 발린 말을 경멸한 탓이리
하나 둘 주위와 격을 두고 먼전으로 돌다
어느덧 무인도 첩첩한 가시울타리 속에
꼼짝 못 하게 갇혀 버린 나
시 한 수를 긷기 위한 이 끈질긴 두레박질
채 끝나지 않은 형벌처럼 무겁기만 하다
울울창창한 숲속의 일행이 된다
스스로 만든 그늘을 깨친 갈맷빛 욕망
야금야금 하늘길 열어가는 나무들의 나랫짓
어디 한 점 게으름도, 서두름도 없다.
- 「숲속에 들어」 전문

살다보면 "괜스레 내가 밉고 울화가 치밀어" 오를 때가 있다. 자신이 원하는 삶을 살아가지 못하기 때문이다. 이럴 때 시적 화자는 삼나무 숲을 걷는다. 이때 "무거운 발길"을 벗고 맨발로 길을 간다. '무거운 발길'을 벗는 것은 단순하게 신발을 벗는 것만을 말하지 않는다. 마음을 비우고 길을 간다는 뜻이다. 이때 발바닥이 흙을 밟는 촉감이 '울퉁불퉁'하게 느껴진다. 이러한 상황을 시적 화자는 "꿀 발린 말을 경멸"한 그동안의 태도에서 기인한 것이라고 한다. "꿀 발린 말을 경멸"하는 것은 성격 탓이긴 하지만, 근원적으로 시적 화자가 진실된 말을 듣고 싶은 사람이기 때문이다. 그러다보니 스스로를 유폐시킨 결과에 이른다. 시인은 본디 어떠한 형태든 '참말', 즉 '진실'을 탐구하는 사람이다. 그러므로 "시 한 수를 긷기 위한 이 끈질긴 두레박질/채 끝나지 않은 형벌처럼 무겁기만 하다."고 한다. 살아가는 일과 시 쓰는 일이 같은 것이어서 시적 화자는 끊임없이 '꿀 발린 말'을 멀리 하고 진실의 옷을 입은 참말을 찾기 위해 마치 깊은 우물에서 두레박으로 정신을 번쩍 들게 하는 맑은 물을 길어 올리기 위해 맨발로 산을 오르듯 "울울창창한 숲속의 일행이 된다". 숲은 때문지 않은 언어의 표상으로 시적 화자는 숲에 스스로 동화되기를 자처한다. 나무들은 야금야금 하늘길을 열어가는 데 게으르지 않는 것이어서 숲의 일행으로서 시적 화자는 마침내 하늘길에서 자신만의 참된 언어를 구하고자 하는 구도적인 모습을 보여주고 있다.

  시는 시인의 미적 경험을 형상화시킨 것이다. 특히 자신의 모순되고 결핍된 삶을 성찰하는 시편들은 시와 삶의 일치를 하고자 한다. 이러한 작품들은 시를 통해 "어떻게 살 것인가?"를 궁구한다. 강대실 시인의 이러한 시적 경향은 위의 작품들 외에도 시집에서도 자주 눈에 띈다.

「가난한 마음의 기도」에서 "그대 샘물 같은 눈망울 마주하는 날이면/어디선가 나도 몰래 숨어든 허욕도/긴긴 일월 못 버려 뿌리 깊은 미움도 그만"이라고 한다. '그대'로 지칭되는 존재의 "샘물 같은 눈망울"을 바라보며 허욕에 찌든 마음과 누군가에 대한 "깊은 미움"도 버리는 것이다. 이러한 과정을 통해 자신을 정화시킴으로서 "꽁꽁 매인 내 배를 풀어/유유히 꽃노을 강 노 저어" 가겠다고 한다.

「하심下心」은 말 그대로 마음을 내려놓는다는 의미이다. 유유자적한 노후를 살아가기 위해 "느티나무 푸르른 그늘 멍석에 누워/바람도 흰 구름도 유정하자 손짓 보낸다"고 한다. 마치 벼슬에서 물러난 선비가 낙향하여 은일한 삶을 살아가는 것을 연상시킨다. 바람과 흰구름과 내통하며 살아가는 "칠갑의 강에 下心을 던지는 바람 한 줄기"가 상징하는 세속적 욕망을 버리고 자연과 함께 "나직한 흙집 지어 무심히 살"고자 하는 시인의 소소한 꿈을 형상화시키고 있다.

「설산雪山」에서는 겨울산에서 눈을 짊어진 채 "옷 벗어 어린나무 덮어주고" 있는 키 큰 나무들을 바라보며 "선뜻, 한 번쯤 누군가 흘린 눈물 강에/덤벙 뛰어들어 보듬고 허덕여 본 적 있느냐"고 묻는다. 이 질문은 스스로에게 하는 것으로 "내달아 팔소매를 걷어붙이기보다는//먼눈으로 바라보다 야기죽거"렸던 자신의 삶을 아프게 성찰하며 "내 속 깊이 다짐한다, 나를 죽이라"고 다짐한다.

「진언」에서도 성찰하는 태도에서 결기가 보인다. "백골 이백 여섯 조각"으로 은유화된 인간 존재에 대한 허무를 묘파하는데, "부귀영화니/이름 석 자도/아무짝에도 쓸모가 없"다며 "어떻게 사느냐"가 삶의 본질임을 말한다. 그러므로 "꽃 마음으로/함께 산을 넘어 주고/물이라도 건너 꼭, 맞손 잡"겠다고 한다. 누군가의 손을 맞잡는 뜨거운 마음으로 삶을 이끌어가는 것이 진정한 삶이라고 메시지를 던진다.

3.
생명이 있음으로 존재한다. 지상의 살아있는 것들은 생명이 있음으로 하여 존귀하고 존엄하다. 그러나 세상은 이러한 존귀와 존엄이 인간 중심적인 기율에 의해 파괴되고 불평등하여 누군가는, 무엇인가는 억압당하고 무시된다. 인간과 자연과의 관계, 인간과 인간간의 관계는 늘 수평적 관계를 갖지 못한다. 그리고 다른 차원에서의 생명성은 생물학적인 목숨만을 의미하지 않는다. 한때 살아있었으나 죽음을 통해 또다른 생명성을 갖기도 한다. 강대실 시인의 생명성 탐구의 시편들은 목숨을 가진 것들은 물론 근원적으로 생명의 본질을 옹호하고 그 소중한 가치를 읽어내고자 한다.

> 뜨락 햇볕 이따금 들러가는 마당귀
> 기세 어울린 떨기나무 사이 낯선 얼굴 하나,
> 몸피 또렷하고 훌쩍한 줄기에
> 채 여물리지 못한 열매 몇 낱 여운 애틋한
> 대번에 쑤욱 뽑아내려 하자
> 지지직... 왜, 나예요!

들입다 내지르는 절규
손끝 억척에 자존의 고갱이 버리고
그만, 쏘옥 나신을 드러내는 애초
아무 눈에도 안 띄는 땅속 첫길을 내며
얼마나 많은 일월을 손발이 부르트고
온이 땀바가지 되어 가쁜 숨 몰아쉬었으면
이리도 야무지게 목줄 대고 있을까
오늘도, 감나무 밑에 두고 온 삿갓 미사리
언뜻언뜻 떠오르는 어스름 강변
어디서 돌멩이라도 하나 날아들 것 같아
얼른 그림자를 감춘다.

-「잡풀을 뽑으며」전문

강대실 시인은 은퇴 이후 소일거리로 텃밭을 일구기도 하고 가까운 산을 오르며 산책하는 은일한 노후를 보내며 살아가고 있다. 자연 친화적인 일상을 통해 생명의 가치를 탐색하는 기회를 갖는다. 이 작품에서는 자신이 살고 있는 마당에서 잡초를 뽑는다. 그런데 "낯선 얼굴"을 만난다. "몸피 또렷하고 훌쩍한 줄기에/채 여물리지 못한 열매"를 달고 있다. 시적 화자는 잡초로 생각하고 "대번에 쏘옥 뽑아내려" 한다. 그러자 "왜, 나예요!"라고 소리치는 정체모를 풀이 따지듯 소리친다. 그 풀은 애초艾草로 뽑히고 만다. 애초라는 풀을 의인화시켜 시적 화자의 의식을 드러내고 있다. 많은 잡풀 속에서 '왜 내가 뽑혀야 해요?'라고 애초가 말하는 것 같은 생각을 하는 시적 화자의 생명관이 그 배경으로 작용하고 있다. 본디 모든 생명의 등가는 동등하지만 잡초와 화초를 구분지은 인간의 잣대에 대해 시적 화자는 회의하고 질문하는 것이다.

다음의 「진대나무 붓다」는 생물학적인 생명의 개념을 뛰어넘어 생명의 가치를 본질적으로 질문하고 있다.

> 지리산 화엄사 등반길,
> 긴 허리 꼿꼿이 못 펴고 살아
> 대웅전 대들보로 쓰임 받지 못한
>
> 해와 달이 먼 일가같이 대해도
> 그윽한 꽃향내 크고 작은 날벌레 분분히 찾고
> 나무갓 큰 품 놀란 산짐승 걷어안았을
>
> 독야청청 허연 알몸이 절개 지켜 가다
> 골바람에 그만 힘없이 쓰러져
> 청설모 산지니 쉴 등 대주고
> 산객들 땀 밴 옷 받아 뽀송뽀송히 말리는 일
> 자신이 감당해야 할 일 있다는
>
> 바람의 발톱에 긁힌 흐물흐물한 살은
> 배고픈 흰개미 땅강아지 지네
> 옆구리 곪아 터진 음부는 진물 빠는 버섯들
> 공양할 제물이다는
>
> 궁극에 남은 지스러기는 기꺼이

> 흙으로 썩고 섞이어, 목숨 탄 것들 보금자리로
> 보시의 공덕 닦아야 한다는
>
> 우연히 연이 닿아 상면했지만
> 아직껏 어디서도 한 번을 뵌 적이 없는
> 사람이 못할 일을 다 하는 진대나무 붓다.
> ─「진대나무 붓다」전문

 시적 화자는 "지리산 화엄사 등반길"에서 죽은 나무를 바라본다. 이 나무는 "긴 허리 못 펴고 살아" 허리를 펴고 살지 못했기 때문에 이미 굽은 나무일 것이다. 그러므로 "대웅전 대들보로 쓰임 받지 못"했다. 나무는 죽어서도 대들보로 다시 생명을 얻기도 하지만 등반길에 만난 나무는 그대로 썩어가고 있다. 강대나무로서는 "독야청청 허연 알몸이 절개 지"켰지만 마침내 바람에 쓰러져 생명이 다하고 만 나무이다. 그러나 "청설모 산지니 쉴 등 대주고" 등산객들의 젖은 몸을 말리기도 한다. 더불어 "배고픈 흰개미 땅강아지 지네"들을 키운다. 그리고 "흙으로 썩고 섞이어, 목숨 탄 것들 보금자리로/보시의 공덕 닦"는다. 이처럼 자연의 순환을 통해 죽어서도 여러 생명을 길러내고 마침내 자연으로 돌아가는 진대나무의 일생과 죽음 이후의 과정들은 "사람이 못할 일을 다 하는" "붓다"이다. 죽음으로서 새로운 생명의 터전이 되는 진대나무를 시적 화자는 '붓다'라고 한다. 불교의 창시자인 싯다르타에 견주고 있을 정도로 쓰러져 죽은 나무인 진대나무를 성인처럼 고귀하게 여기는 것이다.

이처럼 시인은 자연의 구성원인 죽은 나무에게서 생명의 순환을 발견하며 붓다의 모습을 읽음으로서 생명성 앙양에 천착하고 있다.

강대실 시인의 생명성 모색은 주로 '봄'이라는 계절에서 일어나는 여러 현상에서 발화한다. 주지하다시피 봄은 생명이 움터오는 계절이며 신생의 계절이기 때문이다.

「해토비[解土雨]」에서 시적 배경은 입춘 무렵이다. 봄이 시작되는 이날을 기점으로 만물이 다시 살아난다고 하는데 이때 내리는 비가 해토비[解土雨]이다. 겨우내 꽁꽁 얼었던 마당에 비가 내리는 모습을, "웬 녀석들이냐!/삼동이 꽁꽁 더께 진 마당에/소곤대는 놈들이"라고 의인화법을 구사하여 땅의 잠을 일깨우는 봄비가 내리는 모습을 해학적으로 형상화시켰다.

「하늘 맑은 봄날」은 청명한 봄날 매화나무나 감나무 밑에 가는 것을 시적 화자가 "낯 뜨거워라"하고 주저한다. 청매실과 감꽃 피운 나무들이 일찍 돌아가신 부모님을 기다리며 차리는 "올해도 한가득 차리는 맞이 상" 때문인데, "이내 가슴 아"리다고 고백한다. 봄이 되어 살아있는 것들이 풍요롭게 자신이 가진 것들을 풍요롭게 상차림하는 것에 대해 시적 화자는 멀리 떠나 소식 없는 "우리 님" 생각에 가슴이 저며온다. 봄의 정취와 모두가 살아오는데 소식 없는 님에 대한 그리움으로 인해 마음이 아파오는 것이다.

「경삿날」은 봄이 되어 삭막한 앞산이 새뜻한 얼굴을 내보이는 날 산새 소리, 춤추는 산들바람, 그윽한 솔향기 풍겨오는 봄날, 어디선가 새로운 생명이 태어나는 것으로 경이롭게 노래하고 있다.

「민들레꽃 4」는 "갖은 고난과 역경"을 극복하고 살아가는 민들레가 봄의 길목을 꽃등 밝히는 모습에서 봄의 뜨거운 기운을 읽어낸다. 그리고 민들레 씨앗을 세상에 홀홀 흩날리는 모습에서 '생의 깨달음', '향기 농농한 법문'을 읽어내며 묵언수행하는 보살의 모습을 발견하는 것이 매우 이채롭다.

4.

서정시는 세상의 불화와 갈등, 그리고 절망을 극복하고자 하는데서 발화한다. 생로병사의 길에서 만나는 수많은 어려움을 어떻게 견뎌내고 이겨낼 것인가에 골똘한다. 현실의 부조리와 그늘은 하나의 도전으로 시인은 이에 대한 응전으로 자신의 삶을 적극적으로 이끌어 나가고자 한다. 이때 시인은 유년과 고향, 그리고 가족을 배경으로 하여 지난한 현실을 개선하고자 한다. 특히 유년의 고향, 가족은 때 묻지 않은 공간이 되고 가족은 자신 앞에 놓여있는 난제를 극복하게 할 수 있는 강력한 힘으로 작용한다. 세속적 욕망과는 거리가 먼 유년이라는 시간적 공간은 세속적인 삶에 찌든 자신을 뒤돌아보게 하는 정화기제 역할을 하고 고향 또한 존재할 수 있는 토대가 되어 살아가는데 힘이 된다. 특히 가족은 힘든 삶을 이끌어 가게 하는 용기와 활력이 된다.

>별처럼 총총한 까까머리 시절의 추억
>바람 따라 산고개 넘어 진외가 찾아 나섰다
>고샅고샅 이 집 저 집 기웃거리다
>마침 감나무 그늘 아래서 한더위 식히던
>너와 깜짝 눈이 마주쳤다
>
>첫눈에 어찌나 참하고 어여쁜지
>그만 서녘으로 기우는 해를 잃었다
>삼촌댁 굽이돌아갈 갈재가 걱정이 되었는지
>꼭꼭 다독여서 품에 안겨 주었다
>
>꽃애기야, 네가 씹어 넘긴 설움 이었더냐!
>녹두장군 호령에 영마루 후유 올라서자
>어스름 하늘 뚝뚝 흘리던 눈물
>오늘은 복에 겨워 방실대는 널 보며
>연연한 거리낌 말끔히 가셔 낸다
>
>우리 내외 지극한 호강 속에
>화원 가득히 꽃피워 길이길이 대를 잇고
>서로 눈맞추며 살자.
>- 「꽃애기에게」 전문

이 작품의 시간적 공간은 "별처럼 총총한 까까머리 시

절"이므로 시적 화자의 유년이다. 산고개를 넘어 진외가를 찾아가는데 고샅을 기웃거리다가 "마침 감나무 그늘 아래서 한더위 식히던/너와 깜짝 눈이 마주쳤다". 이 순간은 시인의 영혼이 감전되는 때이며 뇌성 같은 정서적 충격이 가해지며 시와 만나는 그 지점이다. 수십 년이 지나도록 그 찰나를 잊지 못하고 시로 형상화 시키는 현재에도 어린 시절의 영혼을 감응하게 했던 것을 되새긴다. "첫눈에 어찌나 참하고 어여쁜지/그만 서녘으로 기우는 해를 잃"을 정도로 '꽃애기'에 취했다가 "꼭꼭 다독여서 품에 안겨 주"게 된다. 그날 "어스름 하늘 뚝뚝 흘리던 눈물/오늘은 복에 겨워 방실"댄다. 오랜 세월이 흘렀어도 "우리 내외 지극한 호강 속에/화원 가득히 꽃피워 길이길이 대를 잇고/서로 눈맞추며 살자."고 한다.

유년에서 현재까지 이어지는 시간적 공간을 가득 메꾸며 시적 화자와 함께하는 이 작품의 중심에는 꽃애기의 '참하고 어여쁨'이다. 이 순구한 아름다움이 시적 화자의 마음을 정화시켰기 때문이다. 서로에게 동화되어 "화원 가득히 꽃피워 길이길이 대를 잇고/서로 눈맞추며 살"고 싶은 시적 화자에게 꽃애기꽃은 유년의 순수를 그내로 지켜주고 싶은 오래된 미래로 시인을 견인하고 있다.

유년의 인상적인 정서적 사건은 인간에게 평생을 따라다니며 정신세계를 작동하는데 작용한다. 인간의 삶에서 '유년'은 지극히 짧은 시간이지만 감각과 정신을 각인시키는 요람과 같은 것이다. 그러므로 유년을 어떻게 살았느냐는 매우 중요하다.

유년에 체험한 에피소드를 시로 형상화한 작품 중 「흰죽」은 보릿고개 시절의 궁핍과 그로 인한 슬픈 이야기를 담고 있다. 뒤주골댁의 가슴애피 사연에 아들에게 미음을 끓여주라 당부한 대룡양반의 훈훈한 마음이 마른장작과 멥쌀 한 됫박에 투사되어 있다. 시적 화자는 "흰쌀을 보면 선뜻 떠오르는 그 옛날" 흰죽을 먹고 자리에서 일어난 뒤주골댁 사연에 가슴이 저며온다. 배고픈 시절이었지만 인정이 넘치는 유년의 이야기를 되새기며 시적 화자는 마음이 훈훈해진다.

「참꽃, 피었어요!」도 유년의 곤궁한 봄날을 상기시키고 있다. 이른 봄 참꽃 필 무렵, 박센의 나뭇짐에 꽂고 온 참꽃과 종만이 엄마가 바구니 한가득 따온 참꽃에 대한 인상을 떠올리고 있다. "두건이 노래 좇으며, 따 먹어도 따 먹어도/허기 가시지 않던 내 유년의 꽃"으로 기억하고 있다. 아무리 따 먹어도 배고팠지만 시적 화자의 마음의 배를 오래 풍요롭게 하고 있다.

한편, 강대실 시인의 작품에서 가족애를 노래한 시편 애틋하고 정감이 넘친다.

    우리 부모님 그림자로 남겨진
    외씨 같은 흔적들
    어느 결에 하나둘
    세월 강에 쓸려 가고
    그리움 여울여울 타오른다

> 피붙이 하나
> 링거줄에 매달아 두고 돌아와
> 벽을 등지고 앉은 형제들
> 서로의 눈동자 속에 얼굴을 새기다
> 소주 잔 돌린다
>
> 맏형 수심에 찬 표정 속에
> 근엄한 아버지 계시다
> 누이동생 파리한 얼굴 속에
> 어머니 여실히 살아 계신다.
>
> -「그림자」전문

 형제는 같은 부모님에게서 태어난 피붙이이다. 피를 나누었기 때문에 세상에서 가장 가까운 관계이다. 이 혈연관계는 유대감과 결속력을 갖게 한다. 그래서 "피는 물보다 진하다"고 하는 것이다. 그런데 이 작품에서 시적 화자는 "우리 부모님 그림자로 남겨진/외씨 같은 흔적들/어느 결에 하나둘/세월 강에 쓸려"갔다고 한다. 즉 부모님의 자식들인 형제들이 '세월의 강'으로 은유된 '세월'의 흐름 속에 세상을 떴다고 한다. 그런데 "피붙이 하나/링거줄에 매달아 두고 돌아"왔으니 형제들 마음이 오죽했겠는가. 아린 마음으로 "벽을 등지고 앉은 형제들/서로의 눈동자 속에 얼굴을 새기다/소주 잔 돌린다". 안타깝고 속상한 마음에 술잔을 돌리는 것은 마치 같은 콩깍지에서 나온 것처럼 같은 부모에게서 태어난 피붙이가 세상을 뜨고, 남은 피붙이 중에 누군가를 병원에 두고 왔으니 수심이 가득했을 것이다. "맏형 수심에 찬 표정"이 마치 "근엄한 아버지"의 모습을 닮았다. "누이동생 파리한 얼굴 속에/어머니 여실히 살아 계"신 것처럼 보여진다. 생물학적으로 부모와 자식은 유전자가 같기에 생김새는 물론 성격과 행동거지도 닮는다. 나이 들어가면서 생전의 부모님 모습이 자식들의 얼굴과 표정에 나타난다. 이러한 상황을 목도한 시적 화자는 피붙이들에 대한 연민을 간절하게 갖게 한다. 가족에 대한 유대감 또한 간절하게 느끼는 순간이다.

가족애를 형상화시킨 작품으로는 「아내에게」, 「큰애에게 띄우는 메일」, 「그리움 3」 등이 있다. 「아내에게」는 세월의 흐름 속에서 눈이 침침해 잘 안 보인다고 하소연 하는 아내의 모습을 대하는 시적 화자의 태도가 애잔하다. 더욱이 "당신도 말이요/백이요, 이제보니/뒷머리가 희끗희끗"함을 새삼스럽게 느끼며 세월의 무상함과 무정함을 말하는 시적 화자의 마음에서 안타까움이 묻어난다.

「그리움 3」은 시인의 유년의 경험 미학을 잘 보여주는 작품이다. "개밥바라기 떠올라/끔벅끔벅" 빛날 때는 저녁밥 먹는 시간으로 흔히 배고픈 시절의 허기를 노래할 때 '개밥바라기'를 시적 은유화시키는 경우가 많다. 그리고 "장독대 봉숭아 피면/꽃물 들일 때 온다던/큰 누님 생각이 나/가슴이 도근도근"한다고 한다. '개밥바라기 별'

과 '봉숭아꽃 필 무렵'의 옛 추억을 그리워하는 시적 화자는 두 정서적 사건을 통해 유년의 가난과 누님을 추억한다.

「큰애에게 띄우는 메일」은 시적 화자가 메일을 통해 큰애에게 당부하며 타이르는 말이다. 요즘에는 편지 대신 메일을 통해 자신의 의사를 전달하고 있으니 세상이 많이 변했다. 서간문으로 된 이 글은 시적 화자가 오랜 세월을 *끈끈하게* 살아온 막역지우를 찾아뵙고 약주 한 잔 올리며 예를 갖추라고 한다. 인간의 근본을 가르치는 시적 화자의 모습에서 아버지 된 사람의 바른 성품이 온화하고 예의범절을 갖춘 것임을 잘 보여준다.